Pferde waren der wichtigste Besitz der Prärie-Indianer.

äuptling eines Stammes wurde der klügste, mutigste und tapferste Mann.

Die Prärie-Indianer fingen Adler vor allem ihrer Federn wegen. Hier versucht ein Jäger aus einer Grube heraus den Adler mit den Händen zu greifen.

Die Haube aus Adlerfedern durften nur mutige Krieger zu besonderen Anlässen tragen.

Bevor die Indianer Pferde hatten, gingen sie zu Fuß auf die Jagd. Oft schlichen sie sich, als Tier getarnt, an eine Herde heran.

Selbst aus großer Entfernung konnten die Indianer ein Tier erlegen. Sie waren meisterhafte Bogenschützen.

Das Wohnzelt der Prärie-Indianer, das Tipi, bestand aus einem Stangengerüst, das mi Büffelfellen bespannt wurde.

Es war sehr geräumig und bot mehreren Personen bequem Platz.

Das Tipi wurde von Frauen auf- und abgebaut.

Die Hunde mußten oft Lasten tragen. Sie zogen ein Schleifgestell, Travois.

Mit ihren Tänzen versuchten die Prärie-Indianer Macht über die großen Büffel zu erlangen.

Wenn die Jäger einen Büffel erlegten, hatten sie alles, was sie zum Leben brauchten.

Die Frauen verstanden es meisterhaft, Büffelfelle zu gerben und zu bearbeiten.

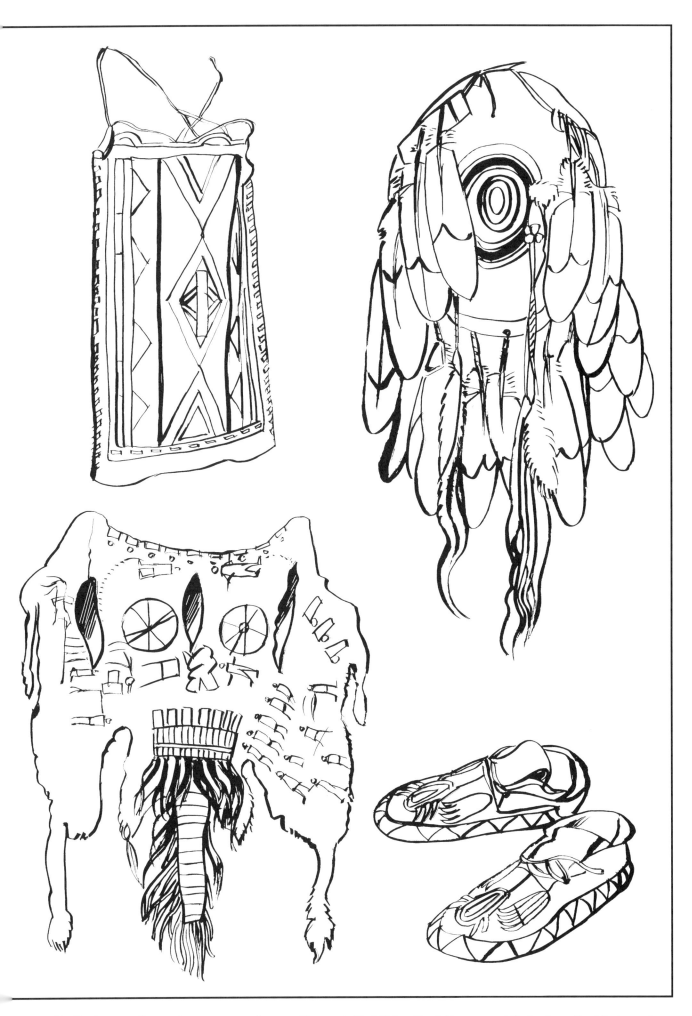

...us Büffelleder stellten sie unter anderem Beutel, Schilde, Umhänge und Schuhe, die Mokassins, ...er.

Auch die Kleider waren aus weichem Leder, mit Stachelschweinborsten und mit Glasperle bestickt.

as Bull-Boot hatte ein Gerüst aus Weidenholz, das mit Büffelhaut bespannt war.

Wenn ein Mann Bisonhörner als Kopfschmuck trug, so bedeutete das, er besaß auch d
Eigenschaften dieses Tieres, vor allem Ausdauer und Zähigkeit.

m heißes Wasser zu machen oder Essen zu kochen, erhitzten die Frauen Steine und warfen sie den Topf, der aus Büffelleder war.

Die Frauen zerstampften getrocknetes Büffelfleisch und vermischten es mit Fett, Wurzeln un
Beeren. Dieser Brei, Pemmikan, war lange haltbar und diente als Wintervorrat.

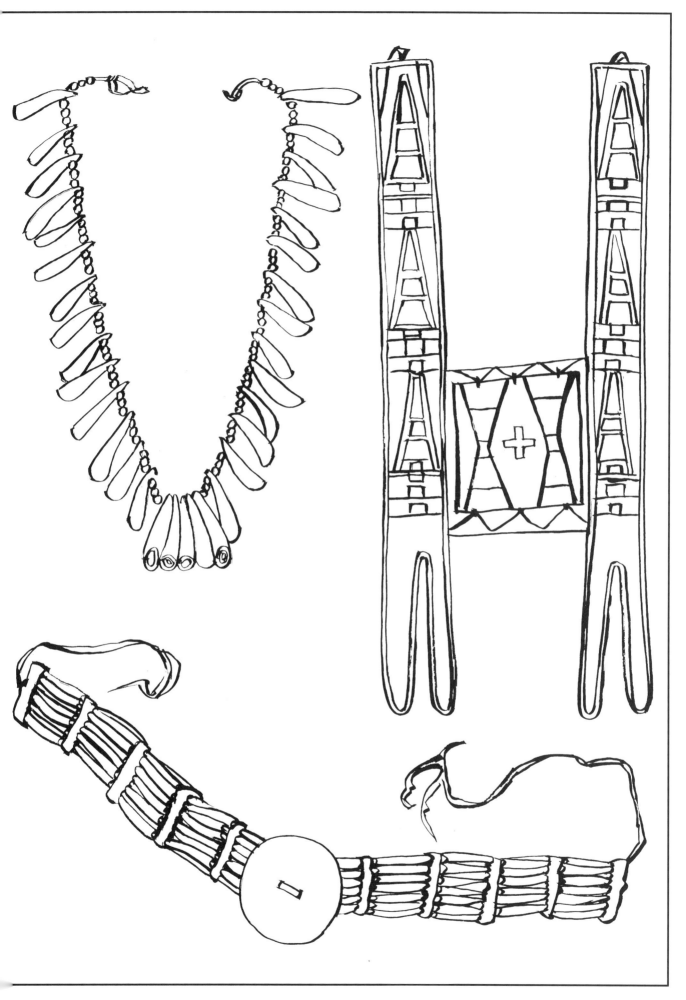

s Schmuck stellten sie unter anderem Halsketten aus Tierzähnen, Ledergürtel und bestickte erdeumhänge her.

Im Tausch gegen Büffelfelle bekamen die Indianer von den Weißen unter anderem Feuerwaffen und Munition.

ie erlegten nur so viele Tiere, wie sie zum Leben brauchten.

Sie fingen Wildpferde ein.

Nichts konnten die Indianer besser, als Pferde auszubilden und mit ihnen umzugehen.

Sie folgten den davonziehenden Büffelherden. Ihre ganze Habe, auch die Tipis, packten sie au[f] ein Schleifgestell, Travois.

Die Kinder ahmten im Spiel das Leben der Erwachsenen nach.

Selbst die Puppen, mit denen die Mädchen spielten, trugen Kleider wie die Erwachsenen.

ie Kinder erhielten ihren Namen vom Medizinmann. Als Erwachsene bekamen sie oft neue amen, nach einem Naturereignis oder einer mutigen Tat. So heißt Osceola „Aufgehende Sonne".

Mit ungefähr 12 Jahren wurden die Jungen mit auf den Kriegspfad genommen. Sie durften d Pferde füttern und tränken.

Wenn die Männer auf den Kriegspfad gingen, versuchten sie, in Tänzen das Kriegsglück herbeizurufen.

Sie schickten Späher vor, die den Feind auskundschaften sollten.

Durch Rauchzeichen konnten sie sich über weite Entfernungen verständigen.

Der Tomahawk, das Kriegsbeil, gehörte zur Ausrüstung eines jeden Kriegers.

...renfedern bekam man für eine mutige Tat verliehen. Sie wurden in besonderer Weise ins Haar ...esteckt, beschnitten und gefärbt.

Die Prärie-Indianer bemalten ihre Gesichter vor allem mit roter Farbe. Deshalb wurden sie vo[n] den Weißen auch „Rothäute" genannt.

uch die Pferde waren bemalt. Blitze sollten dem Pferd beispielsweise Schnelligkeit verleihen.

Das Rauchen der Pfeife – Calumet – war eine feierliche Handlung. Der aufsteigende Rauch soll die Verbindung zwischen Mensch und Großem Geist herstellen.

Die Indianer glaubten, daß sie nach dem Tode in den „Ewigen Jagdgründen" weiterleben würden.

Wenn ein Indianer seinen Gast einlud, mit ihm Pfeife zu rauchen, so war dieser herzlic willkommen.

er Medizinmann hob die Friedenspfeife gen Himmel und versuchte so, Verbindung zum Großen
eist aufzunehmen.

Die Indianer fingen geschickt Pferde mit dem Lasso ein.

Die einzelnen Indianerstämme sprachen verschiedene Sprachen. Um sich miteinander zu verständigen, benutzten sie eine Zeichensprache.

Mit seinem Tanz wollte der prachtvoll gekleidete Medizinmann Geister beschwören un Krankheiten heilen.

inen Talisman, wie ihn der junge Mann am Hals trägt, bekamen die Kinder an die Wiege gehängt.
ungen trugen einen Glücksbringer in Form einer Schlange, Mädchen in Form einer Schildkröte.

Mit Begeisterung trieben die Indianer Sport. Hier spielen sie „Lacrosse".

pfer kämpften die Indianer gegen die Weißen, die sie aus ihren Gebieten vertreiben wollten.

ISBN 3-7302-1461-6
© 2005 Buchverlag Junge Welt
8. Auflage
Illustrationen: Marta Hofmann